CONFÉRENCE TOCQUEVILLE

—

TRAVAUX

DE

LA CONFÉRENCE

(Extrait du recueil annuel des travaux de la Conférence).

PARIS

GUSTAVE RETAUX, LIBRAIRE-ÉDITEUR

Rue Cujas, 15

—

1869

—

LÀ POLITIQUE

DES

NATIONALITÉS

PAR

M. ALFRED BOULAY (DE LA MEURTHE)

Auditeur au Conseil d'État.

———

Ce que nos diplomates appellent le principe des nationalités, n'est que la vieille idée de Patrie, épurée par une connaissance plus juste du droit des citoyens et du devoir des pays étrangers.

Le partage des hommes en plusieurs États différents, est l'une de ces nécessités qui devraient s'apercevoir au premier coup d'œil. Quel gouvernement unique aurait assez de portée pour s'étendre à toute la terre? Et, lors même que l'espace, que le nombre des habitants, ne rendraient pas impossible la monarchie universelle, le cœur humain saurait en empêcher la tentative. L'instinct de société politique a la même tendance que celui de famille ; il ne rapproche que les hommes qui

1

ont une ressemblance particulière, et les resserrant ensemble, il les écarte du reste du monde. Cette espèce de parenté consiste dans la communauté de race, de climat, de caractère, dans celle de langue, de religion, dans celle de l'histoire, sans qu'il soit nécessaire que tous ces rapports existent à la fois, puisque nous voyons par exemple, l'histoire de Napoléon être la seule attache de la Corse à la France. Mais si cette parenté provoque ceux qu'elle unit, à se gouverner entre eux, elle ne force pas leur volonté. Nous restons libres. Les liens que chacun à sa naissance trouve établis par la nature ou par le temps, n'ont d'autorité véritable que si chacun les reconnaît et les aime. Sans cette affection, la famille n'est qu'une vaine apparence, et l'État n'est pas une patrie. Ainsi, quand les citoyens sont indifférents, la patrie est languissante, quand ils sont divisés, la patrie est morte ; et l'on voit des peuples qui l'ayant perdue par la conquête ou les discordes la placent en dehors de leur gouvernement, d'autres encore pour qui la patrie semble n'exister nulle part et qui sont des sujets sans être des compatriotes.

Faisons pour un moment de l'utopie ; représentons-nous cette situation idéale de l'humanité qui ne sera jamais atteinte, mais qu'il importe d'imaginer pour savoir si nous sommes en progrès ou en décadence. Ce serait un ensemble d'États, de grandeur inégale et variable comme sont les familles ; ce seraient des citoyens aimant leur propre patrie, respectant celle des autres, et ne s'employant qu'à rendre plus étroits les liens de parenté avec leurs concitoyens et d'amitié avec les étrangers. Quant à ces sages qui rêvent une société où rien ne distinguerait plus le Russe et l'Anglais, le Français et l'Allemand, où la même république contiendrait l'Europe et bientôt l'humanité, ce sont de pauvres fous qui, croyant ne franchir que les bornes du présent, dépassent certainement celles du possible. La fraternité chrétienne apprend à être juste et bon pour les peuples voisins, elle ne diminue pas le sentiment de patrie ; et ces inventions qui suppriment les distances, qui portent d'un bout de la terre à l'autre le commerce des produits et des idées, n'empêchent point d'aimer un père plus qu'un passant, et un compatriote plus qu'un nègre de l'Abyssinie.

L'histoire, (à ne la commencer qu'au moyen-âge), nous montre le sentiment de patrie, d'abord sous la forme barbare où il n'a point conscience de lui-même, puis s'éclairant peu à peu, mais contrarié par des rois, persuadés que Dieu leur avait donné un royaume en pleine propriété, et par des étrangers qui regardaient le voisin comme la proie de leur pillage. Le désordre des conquêtes devint tel , que chaque peuple trouva son intérêt à le prévenir : sous le nom d'Équilibre, il se forma une ligue pour maintenir dans la proportion d'inégalité où les trouvait le xvie siècle, les États grands, petits ou moyens de l'Europe. Avec le progrès des temps, les idées de justice commencèrent à pénétrer dans le droit public : elles firent pressentir aux anglais que le roi est le mandataire et non le maître de son peuple, elles firent soupçonner aux français que le partage de la Pologne et l'oppression de l'Amérique étaient des iniquités insupportables lors même que l'équilibre européen n'en serait pas altéré. La Révolulution française ayant proclamé avec solennité le principe, jusqu'alors spéculatif, que le peuple est le souve-

rain, se garda d'en conclure en face de la Vendée, que
le peuple a le droit de choisir sa patrie; et d'autre part,
emportée par la vengeance et la gloire, elle contrai-
gnit le sentiment national dans l'Europe toute entière.
Mais elle revint bientôt à la logique de ses maximes,
et, après avoir soutenu la cause des Grecs et des Belges
elle écrivit avec une certaine grandeur dans la constitution de 1848 : « La République respecte les nationalités étrangères, comme elle entend faire respecter la
sienne ; n'entreprend aucune guerre dans des vues de
conquête, et n'emploie jamais ses forces contre la liberté d'aucun peuple. » Elle ajoutait que le seul juge
dans les questions de nationalité est la souveraineté
populaire ; et remplissant de ces idées l'esprit novateur
de Napoléon III, elle les a vues depuis quinze ans inspirer notre diplomatie.

Chaque peuple a droit d'avoir une patrie, — c'est aux
citoyens à décider s'ils veulent être compatriotes,— telles
sont les deux doctrines, désormais inséparables, que
contient le principe des nationalités. Mais si la théorie en
paraît simple, l'application a été jusqu'ici environnée
d'incertitudes, de retours, de perfidies, de résistances
même. Ce n'est point par une profession de foi que l'on peut
abolir le passé. La vieille politique continue de rouler
ses eaux à côté de la nouvelle, comme ces rivières que
l'on dérive dans un canal sans fermer leur ancien lit.
Le système d'équilibre et la Raison du plus fort, con-
servent une large part d'influence, demeurent comme
des exceptions auprès de la règle, et obligent à se dé-
mentir les gens les plus soucieux de se mettre d'accord
avec eux-mêmes. Le mélange inévitable du passé et du
présent n'est pas la seule cause d'une pareille confu-

sion. Le principe des nationalités venait à peine d'être proclamé, que déjà la passion le dénaturait à l'envi. Les ambitieux y voyaient un prétexte de s'agrandir, les brouillons un moyen d'agiter les esprits. Les révolutionnaires espéraient s'en servir pour propager leur République, tandis que les partisans de l'ancien régime y sentaient un dernier coup porté à la Légitimité. Le désordre que les principes de 89 ont jeté dans le droit constitutionnel, est venu atteindre le droit des gens. C'est au milieu de ce trouble, qu'il faut chercher dans quelle mesure et sous quelles formes le principe des nationalités commence à prévaloir.

II.

D'abord, les droits que l'on reconnaissait au prince, de disposer du territoire, sont singulièrement diminués. On ne semble plus lui permettre de détacher une ville comme un présent de noces, de se concilier les bonnes grâces d'un voisin puissant par le cadeau d'une province, de faire un achat ou une vente de peuples, ou même de diviser le royaume pour doter les cadets de sa famille. Le territoire n'est plus regardé comme son patrimoine ; les hommes deviennent des choses en dehors du commerce. Cependant, même chez les Français, cette idée n'est admise qu'avec certaines réserves. On continue à croire que la famille régnante subit une perte personnelle lorsqu'elle fait abandon de son autorité puisqu'une indemnité en argent a été stipulée pour le prince de Monaco, et puisqu'à diverses reprises des millions ont été promis à François-Joseph s'il renonçait à la Vénétie.

En second lieu, le pouvoir que le Congrès de l'Europe s'attribuait sans scrupule sur les petits États, paraît un usage contestable de la force. Serait-il possible de reprendre, aujourd'hui, des négociations semblables à celles de Westphalie, à celles des Indemnités Germaniques en 1803, ou de Vienne en 1815? Alors, un hobereau allemand, dépouillé de sa bourgade dans les Alpes, recevait, en récompense, quelques centaines de sujets sur les bords de l'Elbe. Les villages se comptaient comme des fermes à gros revenus. Le titre de duc ou de prince conférait un droit indélébile à gouverner: si ce n'était pas au nord, ce devait être au midi; et les diplomates pesaient dans leur balance si le Tyrolien valait le Polonais, ou si ce dernier était de même qualité que le Toscan [1]. Au mépris des idées nationales, la Belgique était réunie à la Hollande, et Venise était séparée du Milanais. Le calcul de l'Europe faisait là dessus la loi; il prenait la place de la nature, et se jouait de l'étendue ou de l'existence des petits États, Pour la première fois, le Congrès de Paris jugea à propos de « consulter le vœu des populations. » Ce fut la volonté des Moldaves et des Valaques qui décida l'union des Principautés Danubiennes, et ce précédent, oublié à propos du Luxembourg, fut renouvelé au traité de Prague, quand il fallut régler le sort du Sleswig. Mais si les petits peuples sont écoutés sur leur condition, il ne faudrait pas croire que le Congrès Européen ait perdu de son importance. Ce tribunal, qui a fait cesser, au moins en droit, l'état de nature entre les puissances de l'Europe, et qui les a constituées

---

[1] Thiers XVIII, 572.

arbitres de leurs propres affaires, voit sa juridiction transformée, mais non pas réduite. La décadence de la politique d'équilibre ne lui laisse plus qu'en de rares circonstances la faculté de compenser les forces entre les États, au moyen de territoires neutres, de villes libres, de provinces échangées, annexées et presque toujours maltraitées. Le Congrès a déjà pour principal office de consacrer les résolutions des peuples, et de rappeler que les puissants et les faibles ont le même droit à une patrie. C'est précisément la conscience de cette mission nouvelle qui a fait imaginer tant de détours pour éviter les réunions de Congrès que la France a plusieurs fois proposées. L'avarice des Grands États nourrit encore trop d'arrière-pensées, pour qu'elle se prête à prendre selon la justice quelques unes de ces décisions qu'elle adoptait autrefois selon l'intérêt.

Une troisième tendance dans la diplomatie nouvelle, est de nier le droit de conquête. La simple occupation par les armes, du pays ennemi, ne permet plus de s'en rendre maître, et il ne suffit point d'avoir versé le sang de ses soldats dans les rues d'une ville pour y former un établissement. Nous n'en sommes plus à croire que le vaincu est à la merci du vainqueur, et que la promenade d'un conquérant, lui soumettant les races les plus diverses, peut fonder un empire avec les débris des nations. Ces entreprises ne se justifient plus, même par le succès. Malgré notre goût pour la gloire, nous reprochons comme une injustice à Napoléon I d'avoir étendu son autorité sur la Hollande, sur l'Italie, sur l'Espagne. Un jour viendra peut être où toute conquête sera réputée haïssable: quant à présent, si nous la condamnons pour des vues d'ambition militaire ou de

propagande religieuse, nous n'hésitons pas à l'admettre
pour certaines nécessités qui nous semblent irrésistibles.
Tantôt c'est une limite naturelle à atteindre, tantôt une
enclave à supprimer, tantôt un accès à nous ouvrir
vers la mer, ou des terres lointaines à coloniser pour
exercer notre marine et répandre notre industrie. Cependant si ces grands intérêts séduisent encore notre
probité, s'ils nous paraissent des cas de force majeure,
ils ne nous autorisent pas à faire de la conquête l'usage
qu'en faisaient nos pères. Jadis, pour se garder contre
la révolte du peuple conquis, on s'appliquait à l'exterminer. Les familles emmenées en esclavage, ou
transportées sur d'autres points de l'Empire, les maisons
-brulées, les champs partagés entre les vieux soldats du
vainqueur, étaient les moyens ordinaires de couper
court à toute résistance. Personne n'y trouvait à redire.
Le système semblait dur, mais légitime, parce qu'il est
le seul qui puisse dompter une nationalité opiniâtre.
C'est en le pratiquant, que les Espagnols et les Anglais
ont occupé le Nouveau-Monde. C'est faute d'y avoir
persévéré que l'Angleterre n'est pas encore maîtresse
de l'Irlande ; et c'est pour y avoir répugné absolument,
que la France a fait si peu de progrès en Algérie.
Disons-le à l'honneur de notre siècle, il n'y a plus que
les Russes qui soient assez inhumains pour pacifier
en exterminant, et ainsi la conquête devient le plus
souvent une tentative inutile, parce que nous n'osons
plus faire ce qui est nécessaire pour la consolider.

Comme quatrième règle du droit public moderne, il
faut citer celle qui limite l'objet des Traités. La convention privée d'un homme qui vendrait sa liberté à un
autre, est nulle, et si l'on peut louer ses services, on

ne peut se rendre esclave. Le contrat d'un peuple qui aliénerait ses droits politiques entre les mains du prince, ne vaut pas davantage, lors même qu'il revêtirait la forme solennelle d'une constitution. Par les mêmes motifs, une nullité irrémédiable vicie tout Traité qui porterait atteinte à la nationalité. Sauf les concessions qui sont encore faites à l'ancienne politique d'Équilibre et de conquêtes, on peut dire qu'un peuple ne traite pas lorsqu'il est forcé par les armes de renoncer à sa patrie. Il ne fait que subir la loi de la violence, et son devoir est de la secouer, aussitôt qu'il a repris haleine. Les traités ne doivent plus concerner que le commerce, que les relations de paix; et la foi jurée doit être celle de deux amis qui règlent des intérêts mutuels, au lieu d'être celle d'un vaincu qui s'humilie devant son vainqueur.

Enfin, il paraît légitime qu'un peuple travaille à composer sa nationalité. S'agiter pour se faire une patrie n'est plus appelé une injuste rébellion contre son prince ou contre l'Europe, mais la revendication d'un droit naturel. Cette œuvre de régénération, qui remue aujourd'hui tant d'esprits et de tant de manières, a été commencée sous le patronage de la France. Notre unité a été proposée comme modèle de toute nation. De nombreux encouragements sont venus du gouvernement français, qui les a voilés sous des règles de diplomatie, aussi commodes d'usage que singulières d'apparence. L'une est la théorie des faits accomplis, mélange ambigü de fatalité et de cette pensée vraie qu'il est plus difficile de détruire la chose faite que de l'empêcher de se faire. Selon le besoin des circonstances, cette maxime s'invoque ou se passe sous silence. Une longue domination de l'étranger, un morcellement de territoire consacré par le temps, par les conventions, par une conquête ancienne, ne sont pas considérés comme des faits accomplis : les Italiens pourront donc se soulever contre l'Autriche. Au contraire, tous les événements qui concourent à rétablir la nationalité, le vote des Toscans, la prise de la Sicile ou des Romagnes, sont des faits accomplis, véritables arrêts de la Providence qu'il serait sacrilége de vouloir réformer. Une autre doctrine, aussi étrange dans la forme, est celle de Non intervention. S'agit-il d'appuyer un pays étranger qui s'insurge pour sa patrie? vous pouvez lui fournir autant d'armes et d'argent qu'il vous plait, lui envoyer deux cent mille de vos soldats : ce n'est point intervenir ; et l'on vous décernera la gloire chevaleresqne d'avoir combattu « pour une idée. » Mais faites-vous mine d'empêcher le mouvement national de vos voisins ? La moindre de vos démarches devient une intervention ; et l'on vous signale au juge sévère de notre siècle, à l'opinion libérale. Le langage de nos diplomates, est si contraire à la précision de l'esprit français, que l'on est surpris d'abord que nous l'ayions adopté. Puisque nous voulons dire que le sentiment national a droit de se produire et d'être secouru, pourquoi ne pas le déclarer tout simplement ? A quoi bon ces mots couverts? Une pareille équivoque serait en effet inexplicable, si elle n'était employée à dessein. Nous évitons de parler avec netteté, parce que nous avons le bon sens de ne pas aller jusqu'au bout de nos principes. Être conséquents avec nous-mêmes, serait renoncer à toute idée d'équilibre, et nous n'avons point cette puérile vanité. Nous avons fait sur la route de la

politique nouvelle autant de progrès que les temps,
l'ont permis ; si nous parlons vaguement du but, c'est
que nous ne voulons pas être engagés d'amour-propre
à l'atteindre avant l'heure. Hier encore, ne connaissant
que le système d'équilibre, nous cherchions à maintenir nos voisins dans leur vieil état d'infériorité. Plus
il y avait de causes de division en Italie, en Espagne
en Allemagne, plus la France était satisfaite. Nous
ébranchions sans cesse ces parties vivaces pour les empêcher de pousser. Aujourd'hui, le respect de la patrie
des autres, nous fait aider nos voisins à diminuer cette
inégalité de forces, et nous fait même souffrir qu'ils se
haussent jusqu'à notre niveau. Mais ce point est le dernier où nous les laissons parvenir ; c'est celui où le
principe des nationalités fait place à l'équilibre. Dès
que la nation étrangère menace d'avoir une puissance
supérieure à celle de la France, il nous semble que
nous sommes en péril ; que nous tomb ns sous le coup
d'une déchéance à laquelle nous devons résister, que
nous éprouvons une injustice, et que le droit de la
patrie d'autrui empiète sur ce que nous jugeons être le
droit de la nôtre.

L'aide des Français, n'est pas le seul trait particulier
qui distingue maintenant les mouvements patriotiques.
Une nation peut se former par la seule conscience de
son droit. Elle agit avec réflexion, au lieu de le faire
par un instinct qui ne s'éveillait point sans des circonstances extraordinaires. Il fallait autrefois l'invasion ou
le despotisme de l'étranger, pour exciter un sentiment
de patrie, semblable d'ailleurs à la résistance farouche
de la bête qui se défend. Conspirer ou se révolter ne
sont plus les seuls moyens d'indépendance. L'opinion

populaire, chez les habitants de l'Allemagne du Midi, des pays Slaves, de Rome, prépare de grands changements dans la géographie de l'Europe, avec la sûreté d'un plan concerté et constamment suivi. C'est, pour ainsi dire, la marche régulière de la marée qui recouvre son rivage avec une plénitude que n'a pas la vague folle de la tempête. — Remarquez aussi que quand un peuple s'est fait l'idée de sa patrie naturelle, il veut que tous ses membres appartiennent au même État ; et ne se contente plus entre eux de liens accidentels, comme ceux d'une alliance de guerre, ni de liens durables mais relachés comme ceux d'une confédération. En 1813, les Allemands ne se confondaient que pour combattre, et dès le lendemain de la victoire, ils se divisaient de nouveau pour se gouverner à part. Lisbonne et Madrid ne se souvenaient de leur fraternité que le temps nécessaire pour chasser le roi Joseph. Longtemps auparavant, l'on avait vu des unions pareilles dans la ligue des Grecs contre l'Asie, et des peuplades des Gaules contre Jules César. Aujourd'hui, là où il existe une nation, l'on veut un gouvernement unique. Le système fédératif ne semble plus une forme définitive de société politique : aux États-Unis il dégénère en procédé de décentraliser les affaires locales, tandis qu'en Europe il devient un acheminement à l'unité complète; encore l'impatience des Italiens n'a-t elle pu s'en accommoder malgré les conventions de Villafranca. Puisque chaque nationalité prétend ainsi se constituer en un seul gouvernement, le nombre des petits États ne pouvait que diminuer : il n'en faudrait pas conclure que le droit moderne rend désormais impossible l'existence de petits États : s'il fait disparaître des principautés factices, sans vie réelle, comme les duchés de Parme ou de Meklembourg, il protége la patrie vigoureuse de la Suisse et de la Holla de, et perpétue au nom de la justice ces deux républiques nées à l'ombre de l'équilibre européen. — Mais la nouveauté la plus frappante, dans le mouvement national des peuples, est l'emploi du suffrage universel. Les bulletins écrits font et défont les royaumes ; l'urne est devenue la source d'où s'échappent les nations. Il ne pouvait en être autrement, puisque la souveraineté populaire n'a que ce moyen direct de témoigner sa volonté. Que nos vieux partis prennent en pitié ce mode de suffrage qui a ôté le pouvoir de leurs mains, qu'ils le trouvent aussi aveugle quand il change la limite des territoires, que lorsqu'il nomme en dehors de leur influence le prince et les principaux magistrats : ce sont des rancunes séniles que les jeunes générations ne sauraient partager. Nous avons vu des votes surpris à un jour d'engouement, ou demandés à l'ignorance, ou même imposés par des troupes, mais ces abus, tant décriés dans les Deux-Siciles, ne se sont point renouvelés à Venise, et ils tournent plutôt à la honte des Napolitains qu'à celle des Piémontais. Si le suffrage universel est une comédie, comme beaucoup de gens le disent, avouons qu'elle n'est facile ni à monter ni à jouer : car il faut trouver un peuple entier assez indigne pour faire les comparses. Un tel peuple existait dans le midi de l'Italie, il ne se rencontrerait pas aisément ailleurs. S'il était si commode de fausser les votes, pourquoi M. de Bismark s'obstinerait-il, malgré le traité de Prague, à refuser le scrutin aux habitants du Sleswig? et pourquoi la France sentirait-elle que la volonté des Rhénans l'oblige à borner ses plus grandes ambitions à la moitié de leur province?

Telles sont, en abrégé, les principales doctrines de la nouvelle diplomatie. Elles sont encore loin de former un Code achevé ; elles s'inscrivent en marge de l'ancien droit des gens comme ces pratiques ou ces annotations qui modifient l'esprit de la loi avant que le vieux texte en soit effacé. Cependant, au milieu de tempéraments si nombreux, de contradictions même, le principe des nationalités a déjà imprimé au monde une aussi vive secousse que celle des fameux principes de 89. Il a donné une direction et une énergie persévérante à des sentiments populaires qui se remuaient sans la clairvoyance de l'homme qui sait ce qu'il veut et ce qu'il fait. Il n'a point inventé les agitations nationales, puisqu'elles se retrouvent au fond de l'histoire entière de l'humanité ; il leur a communiqué les lumières, l'empressement, la confiance dans leur droit. Il faut maintenant regarder de plus près comment les frontières se déplacent, comment l'Europe se bouleverse, comment la France s'inquiète ; et quelque témérité qu'il y ait à juger ses contemporains, il faut se jeter au milieu des événements, pour essayer de les apprécier.

III

§ 1. Depuis que l'Italie s'est constituée et s'est fait reconnaître par l'Europe, il s'est écoulé assez de temps pour qu'on puisse voir, d'un regard moins prévenu, quelle révolution s'y est accomplie.

Le gouvernement appartient à la bourgeoisie, parce qu'elle a fait l'effort le plus sérieux pour l'indépendance et pour l'unité. C'est le parti des propriétaires qui a vraiment préparé le royaume italien. Les sociétés des Carbonari ne renfermaient guère que des gens riches et éclairés ; ceux qui répugnaient à se couvrir du manteau de la conspiration, se réunissaient ouvertement avec Manzoni et S. Pellico, et achetaient par plus de périls l'honneur d'être mécontents avec moins de secret. Cette sourde lutte des nobles et des bourgeois, était partout dirigée contre l'influence autrichienne. Elle s'attaquait dans la haute-Italie, à la domination directe des Habsbourg, ou à celle de leurs archiducs ; elle reprochait au Pape de se conduire par les conseils venus de Vienne, de se soutenir par des garnisons allemandes et de regarder d'un œil aussi jaloux, que l'aurait pu faire le vieux Metternich, les souvenirs de liberté civile que la France avait laissés dans les Romagnes. Les Bourbons de Naples semblaient des rois étrangers, tant ils avaient de pente vers l'Autriche, et tant ils en imitaient le régime absolu. Les gouvernements qui se partageaient l'Italie, recueillaient tous, à divers degrés, l'odieux qui s'attache à la domination étrangère. S'ils étaient haïs, ils savaient se venger, et rendre à leurs adversaires plus de mal qu'ils n'en éprouvaient. Les *signori*, tourmentés par une police insupportable, écartés de tous les emplois, même de l'armée, étaient frappés sans cesse dans leur personne et dans leurs biens : les palais déserts de Venise sont encore les saisissants témoignages de ces persécutions. On eût dit que c'était sur l'Italie que s'appesantissait le plus lourdement la main de la Sainte-Alliance; et certes, nulle part l'esprit libéral des hautes classes de la société, ne se montrait avec plus d'unanimité. C'était dans toutes ces têtes, le même désir ardent de se délivrer de l'Autriche et d'obtenir des institutions appropriées aux idées modernes. Un moment réconciliés avec le St-Siége qui s'était fait leur guide, un moment apaisés par Maximilien, les bourgeois recommencèrent leurs menées avec l'appui de la France. On sait comment ils les rendirent victorieuses. Ils s'étaient habitués de longue main à unir leurs intérêts et leurs destinées; et d'un bout de l'Italie à l'autre, ils saisirent toutes les occasions de provoquer des scrutins populaires, où seuls ils votaient sincèrement pour une unité dont ils avaient jeté les semences et dont ils s'attendaient à récolter seuls les avantages.

Il ne paraît point que le bas peuple ait jamais mis d'empressement à les aider dans leur œuvre. Quelques cris d'enthousiasme puéril, quand les soldats italiens marchaient vers les champs de bataille de Novarre et de Solférino, étaient les seuls signes de la vie dans les campagnes de la Lombardie et de la Toscane. C'est à peine si à Venise et à Brescia quelques habitants s'enfermaient dans des murs, et combattaient animés par un souffle bien court d'indépendance. La défaite de l'Autriche remplit ces grands enfants d'espérances inconsidérées : ils votèrent sans réflexion l'unité italienne ; mais le repentir devait les prendre dès l'année suivante. Les paysans Lombards se rappellent avec chagrin l'Autriche, dont ils n'avaient jamais eu à se plaindre. Traités avec douceur par des maîtres polis et dépensiers, habitués d'ailleurs a être gouvernés par des mains étrangères, payant peu d'impôts, ne fournissant que peu d'hommes à l'armée, ils se reposaient tranquillement dans leur culture et leurs petits commerces. Que leur importait de n'avoir pas de patrie ? Qu'ont-ils gagné, disent-ils, à la grandeur italienne ? sinon des taxes sans fin, un service militaire accablant, et l'arrogance de propriétaires que l'Autriche ne contient plus. Les charges sont dix fois plus pesantes, sans qu'un progrès du commerce ou une division des terres soit venue augmenter les gains. A ces causes de malaise s'ajoute une série de mauvaises récoltes, et la cherté plus grande de la vie. Le regret du passé, aussi fréquent en Toscane que dans le Milanais, plus rare dans les Légations et le Vénitien, est porté au comble dans l'ancien royaume de Naples. Là, au milieu de contrées montagneuses, boisées, et sans routes, vivent des Italiens aussi lâches que les Grecs, aussi farouches que les Espagnols qui les ont tour à tour tenus sous leur domination corruptrice. Ces malheureux, abandonnés à eux-mêmes par les Bourbons, s'endurcissaient dans une sauvage paresse, dans la superstition, dans un brigandage qui rançonnait tous ceux qui ne le favorisaient point. On juge comme ils étaient prêts à se plier à l'autorité régulière et exigeante de Victor Emmanuel. Le pays se couvrit de bandes d'anciens soldats bourbonniens, qui, malgré les efforts de leurs chefs, allaient bientôt devenir les derniers des brigands. C'est au milieu de cette anarchie, que le suffrage universel fonctionna parmi ces rudes plébéiens. Y eut-il dans cette foule une heure de joie stupide à l'idée de l'annexion, ou bien une contrainte exercée par les troupes italiennes ? Il est aussi difficile de le savoir, qu'inutile de le rechercher : car, le lendemain du vote, il fallait cantonner une armée sur tout le pays, pour effrayer les uns et faire la guerre d'embuscade aux autres. L'ordre apparent s'est enfin rétabli ; cependant si ces nouveaux Vendéens ne font plus le coup de feu, ils ont encore le mécontentement à la bouche : tous les jours, vous voyez dans les rues même de Naples une canaille incapable de tout gouvernement, engeance bruyante et avilie, qui poursuit les piémontais du méprisable tapage de sa colère.

Ce n'est donc point dans la populace des champs et des villes, que la monarchie italienne compte ses partisans. Mais en y prenant garde, vous sentez bientôt que ces plébéiens qui donnent tant de souvenirs aux Bourbons et à l'Autriche, n'en désirent pas le retour, et qu'ils caressent le rêve d'un gouvernement bien plus séduisant que tout ce passé. Demandez leur ce qu'ils veulent; et presque tous vous parleront de Garibaldi : ils s'échaufferont au récit de ses vertus ; ils en auront les larmes aux yeux. On ne saurait croire jusqu'où va la folie de l'admiration pour le héros de Caprera. Ce n'est plus un homme, mais la Justice et le Courage descendus sur la terre ; c'est un saint qui a ses images et ses dévotions. Partout on le salue du nom de père du peuple. Quel âge d'or, si jamais il pouvait gouverner ! Comme les petites gens vivraient bien, sous ce roi des Gueux! Ce fanatisme populaire ne s'est pas affaibli avec le temps, et pour la première fois nous verrons une idole de la multitude conserver son prestige jusqu'à sa mort. En 1866, plus de soixante mille personnes se pressaient à la voix de Garibaldi sur les bords du lac de Côme, poussées par un entraînement aussi aveugle que celui des Croisades ; et sans haine contre l'Autriche, n'étaient exaltées que par l'idée d'obéir a un être surhumain. A Naples surtout la popularité de Garibaldi ne connaît pas de bornes, parce que dans quelques jours de règne, il a paru donner le modèle du parfait gouvernement. Ce modèle consistait à tenir les imaginations émerveillées, à ne point lever les impôts, à distribuer des uniformes de Garde nationale, à laisser un ramas de femmes et d'enfants démolir quelques pans de muraille au Château Saint-Elme. L'enchantement n'a pas eu le temps de s'évanouir. On ne reproche même pas à Garibaldi d'avoir cédé la place aux Piémontais ; car on est persuadé qu'il a été trahi par eux ; et ainsi rien n'a manqué de ce qui peut faire illusion à des têtes méridionales, aussi frivoles qu'elles sont passionnées.

Une si prodigieuse influence est personnelle au fameux général ; elle n'appartient pas au reste du *Parti de l'Action*. Les membres de ce parti, peu nombreux, à peine connus du peuple, se rattachent à la société révolutionnaire, organisée à Londres, à Bruxelles et à Genève, qui concerte ses mouvements partout à la fois, et qui, travaillant à réformer le monde selon ses chimères politiques et sociales, tente de renouveler chez les Italiens l'entreprise manquée en 1848 chez les Français. Garibaldi est l'homme de guerre, ou plutôt l'instrument commode de cette ligue cosmopolite. Il n'en partage point toutes les doctrines, mais par son caractère ouvert et sa bravoure, il est seul capable d'en commander les soldats. Au moindre signal, il voit accourir à ses côtés, ces aventuriers échappés de tous pays, qu'il avait sous ses ordres au siége de Rome. Il n'a plus alors qu'à trouver des armes et de l'argent, qu'à enrôler les volontaires dont il faut grossir la bande des Garibaldiens véritables. Jusqu'ici, c'est le gouvernement italien qui a fourni, à la dérobée, ces ressources militaires. Dans le pays de Machiavel où la ruse est un moyen traditionnel de gouverner admis même par le Saint Siége, ne soyons pas surpris si Cavour et les autres ministres, ont fait alliance avec des agitateurs qu'ils détestent au fond de l'âme. N'osant dénouer les conventions de Zurich, ils les ont fait trancher par le sabre révolutionnaire. Ils ont poussé Garibaldi sur les Etats des Bourbons et du Pape, quitte à le désavouer, quitte à intervenir ensuite au nom de l'ordre, à se faire appeler par une bourgeoisie partout désireuse de l'unité et ennemie de la république mazzinienne, à en obtenir des votes, et à faire profiter à Victor Emmanuel les coups de main de quelques bandes indisciplinées. Cette politique astucieuse a été rendue plus facile par l'enthousiasme populaire qu'excite Garibaldi, et par son peu de clairvoyance. Elle se continue, parce que l'unité italienne n'est pas encore consommée ; mais plus cette œuvre avance, et plus le gouvernement s'écarte d'un parti qu'il surveille comme un ennemi mortel et qu'il voudra combattre et détruire le jour où il n'aura plus de service à en retirer.

En résumé, l'unité de l'Italie a été faite par la volonté persévérante et souvent peu scrupuleuse des hommes éclairés ; elle a été votée au hasard par le bas peuple qu'excitaient tantôt les bourgeois seuls, comme en Toscane, tantôt le concours des garibaldiens, des bourgeois, et des soldats piémontais, comme dans le midi de la Péninsule. Ces fondements sont-ils solides ? et l'édifice a-t-il des chances de durée ?

La réponse ne serait pas douteuse, si les lourdes fautes, qui ont indisposé la populace, ne continuaient à fatiguer de leur poids les assises du nouveau royaume. La bourgeoisie n'a pas été prudente au milieu du succès. Dans sa hâte de donner cours à une activité si longtemps contenue, elle n'a point su comprendre ses difficultés de toute révolution ; elle s'est montrée présomptueuse, et n'a retrouvé de souplesse que quand elle tramait des intrigues. Ces politiques improvisés ont cru que, du premier coup, ils avaient fait prendre à leur gouvernement la marche assurée des vieilles nations de l'Europe, et qu'à force de lois et de harangues parlementaires ils auraient vite regagné la distance qui les sépare des Anglais et des Français Mais rien ne peut remplacer les traditions. L'Italie a les apparences d'un grand État, sans en avoir la réalité. L'armée, mal instruite, sans esprit militaire, ne rend encore que le seul office (important, il est vrai), de mêler ensemble les hommes du nord et ceux du midi, et de façonner leur rudesse par la discipline du régiment. Que dire de la marine, après la honteuse bataille de Lissa ? Et pourtant, c'est pour grossir outre mesure le nombre des soldats et des vaisseaux, que le commerce a été laissé dans une triste langueur, que les impôts au lieu de s'aggraver d'une manière insensible se sont accumulés tous à la fois sur le peuple, que le clergé a été dépouillé de ses biens dans des circonstances inopportunes. Si l'on ne revoit pas en Italie les stériles querelles de portefeuille de nos bourgeois de 1830, on y souffre d'une corruption bien autrement malsaine que celle tant reprochée à notre monarchie constitutionnelle. L'administration est la proie d'intrigants mal surveillés et sans expérience. Les finances surtout semblent aller à la dérive. Au lieu de s'appliquer à l'économie et au contrôle, on s'est jeté dans les dépenses avec l'insouciance du riche qui ne compte pas

ses écus. Il aurait fallu, cependant, les compter avec
rigueur, et s'avouer que les impôts produisaient peu,
parce que la fortune du pays n'augmentait point dans
la même proportion et parce que les canaux qui de-
vaient se verser dans le Trésor public faisaient eau
par une infinité de fissures. Il aurait fallu punir les vols
des agents, et faire au moins parvenir jusqu'à l'État
l'argent perçu sur le mécontentement populaire. Mais
on a laissé le déficit se creuser, et après avoir épuisé
les taxes nouvelles, les dons volontaires, les biens ecclésiastiques, on commence à sentir que rien ne peut
combler la profondeur du gouffre. Certes la situation
est critique, et les amis de l'Italie doivent s'en in-
quiéter. Le sens politique, plus grand qu'on ne le sup-
pose, des hommes d'État italiens, s'inspirera-t-il à
temps, et trouvera-t-il le remède qui convient au mal?
Personne ne le sait. On peut seulement dire, que l'ac-
cident à craindre n'est pas le morcellement du royaume.
A moins de sortir de toute probabilité, on ne saurait
prévoir le retour des Autrichiens; et l'unanimité de la
bourgeoisie, aidée par l'armée, empêcherait les provinces napolitaines de se détacher des autres. La seule
séparation possible serait celle de la Sicile, et encore
serait-elle momentanée. L'unité italienne est donc définitive. Ce qu'il faut vraiment redouter est une révolution, d'un ordre tout politique. Quand viendra ce
jour, inévitable pour tous les pays de l'Europe, où la
démocratie réclamera aux bourgeois sa part dans le
gouvernement des affaires, quels désordres et quelle
longue anarchie peuvent se produire, si le peuple re-
vendique ses droits avec la colère de gens qui se ven-
gent d'une banqueroute et d'une persécution de leurs

prêtres ! Que les ministres italiens mettent désormais une grande application à bien administrer, qu'ils ménagent la multitude au lieu de la dédaigner, ou sinon qu'ils s'attendent à voir le Parti de l'action transformé devenu populaire, se mettant à la tête d'idées démocratiques si promptes à s'éveiller dans notre siècle, plonger l'Italie dans une division des esprits qui affaiblit presque autant les empires que la division même du territoire.

Une sage administration est ce qu'il faut se borner à souhaiter aux Italiens, depuis que leur malaise intérieur n'est plus guère augmenté par des embarras du dehors. Le Vénitien réuni a complété les frontières naturelles du côté de l'Allemagne, car il y aurait enfantillage à regarder comme une nécessité nationale, l'acquisition de quelques lieues de terre autour de Trente et d'Udine. Les rancunes contre la cour de Vienne sont entièrement apaisées : les Autrichiens n'ayant jamais acheté ni champs ni maisons en Italie se sont retirés sans laisser après eux une arrière-garde inquiétante de propriétaires ; ils ne sont plus que des voisins dont l'amitié est avantageuse, et le commerce indispensable. La même réconciliation ne s'est point faite avec le Saint-Siége ; mais il faut bien comprendre que cette question romaine, si grosse de difficultés, trouble plutôt les consciences dans le monde catholique, qu'elle ne menace l'avenir du royaume d'Italie.

Rome n'est pas nécessaire aux Italiens. Le besoin d'une capitale, qui les irritait lorsqu'ils voyaient leur gouvernement gêné dans Turin, a disparu le jour où le siége des affaires a été transporté dans Florence. Le centre véritable est trouvé ; et un nouveau déplacement ne serait qu'une faute. Beaucoup de gens sensés en conviennent déjà de l'autre côté des Alpes : ils ne sont plus dupes de l'idée que la rivalité des grandes villes italiennes ne peut s'effacer que devant Rome ; ils savent qu'un peu de la présence de la Cour est le meilleur moyen de satisfaire l'esprit provincial, et ils avouent que Florence est déjà une capitale aussi incontestée que l'est Berne ou Washington. S'ils continuent de convoiter les États du Pape, ce n'est plus qu'ils les regardent comme indispensables; c'est parce qu'un peuple est comme un propriétaire, il s'impatiente des enclaves, c'est aussi parce que les prétentions sur Rome sont anciennes, et qu'en politique le premier pas en entraîne toujours un second. Les Italiens modérés désirent que la réunion des pays pontificaux se prépare lentement, sans violence ni scandale religieux ; et, tandis qu'ils approuvaient une guerre risquée pour la Vénétie, ils condamnent l'entreprise de Mentana, ils conseillent au ministère de laisser le temps agir, de ne point se compromettre, d'attendre que les Romains fassent une démarche décisive vers l'Italie, et que le Congrès imposant une transaction à l'Église, prenne la responsabilité de résoudre un problème européen.

Le sentiment de la population romaine, caché sous une dissimulation profonde et sous une gravité silencieuse, n'est pas celui des révolutionnaires. Le Romain est fatigué du gouvernement des prêtres ; il se plaint de n'être pas administré, de ne trouver nulle part les moyens de travailler, de ne pouvoir parler librement et il aime dans l'Italie la patrie commune. Mais il tien à conserver le Pape, parcequ'il tire un profit de la foule des étrangers, et surtout parcequ'il est sensible à la gloire de donner asile au Chef de la Chrétienté et aux fêtes de l'univers catholique. Il voudrait loger la Papauté, sans subir le pouvoir temporel. Ces deux idées flottent dans sa tête, et n'ayant pu jusqu'ici se concilier, elles l'emportent à tour de rôle. Aujourd'hui, la vue des charges qui pèsent sur les Italiens, et la crainte qu'une entrée de Garibaldi ou même de Victor-Emmanuel ne chasse à jamais du Vatican la personne du Saint-Père, semblent rendre les Romains moins zélés pour l'annexion. Demain, sans doute, reportant leur pensée sur l'obstination du Saint-Siége qui leur refuse le progrès et la liberté sous prétexte que le moment n'en est point venu, ils recommenceront à prêter une oreille attentive aux paroles du comité occulte qui les pousse vers l'Italie. Cette incertitude est répandue même dans le bas peuple qui, à Rome, par exception, partage les sentiments de la bourgeoisie et de la noblesse. Le temps s'écoule au milieu de ces impressions contraires ; et à moins de circonstances imprévues jetant en quelques heures la révolte chez des hommes qui ne la méditent point, nous devons croire à une fin paisible du règne de Pie IX.

La conciliation, souhaitée par les Romains, est-elle donc une chimère ? Je le sais : pour qu'une pareille question puisse même être posée, il ne faut appartenir ni à ce parti qui voudrait commencer par la déchéance du Pape, la ruine de la foi chrétienne, ni à ce parti adverse qui, mêlant ensemble le spirituel et le temporel, s'imagine que le Pape ne peut représenter Jésus-Christ, s'il n'est roi sur la terre ; — il faut laisser de côté ces deux doctrines extrêmes ; — il faut professer l'opinion que le Christianisme est une chose sainte, mais que l'intérêt de la religion aussi bien que de la politique est de voir l'Église se débarrasser du gouvernement des corps en se réservant les âmes, et de faire consister son indépendance dans ses vertus plutôt que dans des sujets ou des soldats. C'est seulement aux hommes qui pensent de la sorte que l'on s'adresse ici. Devant ces hommes, on peut soutenir hardiment que la prétention des Romains est possible et légitime. De quoi s'agit-il ? De laisser le Pape habiter son palais, et de confier l'administration de la ville à des mains italiennes. Le changement ne serait pas pour la Papauté aussi considérable qu'on le jugerait d'abord. Le pouvoir temporel n'existe presque plus dans la pratique : c'est une machine dont les ressorts grincent sans parvenir à fonctionner, tant la rouille et l'usure ont tout endommagé. Le cardinal Antonelli, véritable premier ministre d'une monarchie d'ancien régime, sauf qu'il exerce l'autorité absolue sous l'influence de la presse catholique, s'occupe adroitement des rapports avec les puissances étrangères, mais laisse ses sujets à peu près sans être gouvernés. C'est à peine s'il accorde l'attention d'un esprit désabusé, à l'armée et aux finances : quant au reste, il s'en remet à des subalternes qui s'en fient à leur tour sur la Providence. Toute administration fait défaut et les grands services de l'État sont comme s'ils n'existaient point. Cet abandon est précisément ce qui choque les Romains ; ils voudraient que les affaires publiques fussent sérieusement faites, que les fonctionnaires remplissent leurs emplois ; et ils sont las de ces dignitaires ecclésiastiques qui, au lieu de gouverner, se plongent dans les cérémonies religieuses ou les disputes des Congrégations, et ne font sentir leur autorité que de loin en loin et par des mesures d'un pieux arbitraire. L'absence d'administration est un mal bien plus intolérable qu'une centralisation excessive, parce qu'il empêche tout de se faire. Qu'est-ce donc que supprimer le pouvoir temporel ? c'est consacrer en droit une situation qui existe presque entièrement en fait ; c'est remettre aux Italiens une autorité que les ministres du Pape n'exercent réellement plus. Souffrez que le Saint-Père demeure tranquille au milieu de monuments auxquels l'histoire et la grandeur de la religion semblent à jamais attachés ; composez-lui une liste civile fournie par les États catholiques, et si vous avez peur que la présence des rois d'Italie à Rome ne diminue le prestige de la Papauté, laissez à Florence une capitale qu'on ne pourrait mieux placer ailleurs. Cette manière de résoudre la question romaine ne coûterait rien aux intérêts de l'Église, et contenterait pleinement les Romains et les Italiens les plus sages. Malheureusement elle froisse bien des préjugés, et elle est traitée d'hérésie par un clergé qui regarde le pouvoir temporel à peu près comme un dogme. Si ces résistances obligeaient à trouver une solution différente, le meilleur système à adopter serait une sorte de fédération entre Rome et l'Italie d'après les idées de Villafranca : la souveraineté pontificale serait maintenue et consolidée par des réformes sérieuses ; toutes les barrières qui la séparent de l'Italie seraient abaissées ; les sujets du Pape seraient en même temps compatriotes des Italiens, et, comme ces États-Unis d'Amérique qui ont à la fois des gouvernements séparés et une patrie commune, Rome s'administrant à part sous l'autorité du Saint-Siége n'en aurait pas moins place dans l'unité italienne. Cette seconde solution ne vaut point la première ; elle est moins rationnelle et moins complète ; mais on l'indique ici, parceque la diplomatie ne doit pas être un entêtement, et que pour faire des concessions avec aisance et à propos, elle doit avoir prévu l'arrangement le plus convenable après celui qu'elle poursuit.

A l'exception de Rome, qui ne peut rester dans un long isolement, l'œuvre nationale est presque achevée en Italie. Les Autrichiens n'ont plus aucune pensée de retour, depuis que la rude leçon de Sadowa leur a enfin appris à se connaître eux-mêmes. Les grandes villes de la Péninsule n'ont pas entre elles ces jalousies que l'on aurait pu craindre d'abord ; et si le bas peuple se plaint, ce n'est pas d'être soumis aux mêmes lois, mais d'être administré plus durement que par le passé. Le gouvernement a beaucoup d'ennemis ; la *patrie* n'en a guère. Telle qu'elle est, la transformation est encore surprenante, quand on songe au peu d'années qui se sont écoulées, on ne comprendrait pas une révolution aussi rapide, si l'on ne savait combien la France l'a aidée de son sang, de ses conseils, de son influence diplomatique. L'Italie n'aurait pu ni se faire, ni se conserver sans Napoléon III. Un long exil chez les Italiens avait attaché l'Empereur à la cause de leur indépendance, et lié par ces souvenirs, porté naturellement vers les idées humanitaires, il s'est décidé à combattre l'Autriche à côté des Piémontais impuissants. Son envie d'affranchir un peuple n'était pas complétement désintéressée, puisqu'il nous importait d'écarter les Autrichiens de nos frontières et de reprendre la Savoie ; mais la philanthropie a eu réellement une part considérable dans la campagne de Solférino. L'Empereur souhaitait l'Unité en Italie, et pour la rendre plus solide, il voulait qu'elle fût préparée par un système de Confédération. L'impatience des Italiens, en refusant de prendre cette lente et sage allure, a depuis huit ans mis le cabinet des Tuileries dans d'étranges embarras. Il a fallu blâmer les annexions, et les faire accepter par l'Europe ; condamner les moyens et absoudre le résultat ; modérer les ministres de Victor-Emmanuel sans les discréditer ; et donner des avis sans prendre des airs de tutelle. Cette politique de moyens termes et de demi-mesures n'était pas seulement commandée par la difficulté de protéger les Italiens malgré leurs entraînements et leur amour-propre ; elle était encore rendue nécessaire par la réaction qui a peu à peu tourné l'opinion française contre nos alliés de 1859. Réaction embarrassante en effet, et à laquelle notre gouvernement ne peut ni résister en face, car elle s'accroît tous les jours, ni consentir à céder, car elle est exagérée comme toute impression déraisonnable et fugitive. Chaque jour nous entendons critiquer comme une faute notre guerre contre l'Autriche ; et ce reproche, qui n'a d'abord habité que le cerveau du clergé, a passé dans les conversations de notre armée, de notre bourgeoisie, et un peu de tout le monde. Il se répète partout que l'Italie est un danger pour la France. Que signifie ce langage ? Est-ce pour le présent, que l'on a des craintes ? mais alors on oublie qu'un royaume qui a tant à s'évertuer pour mettre de l'ordre dans ses finances, du courage dans ses soldats, de l'apaisement dans les esprits, a besoin de vivre en paix avec l'Europe ; que s'il compromet notre gouvernement, au fond il le ménage et s'en fait un appui ; que son alliance avec la Prusse s'est rompue le lendemain du traité de Prague et que d'ailleurs elle semble avoir été nouée par nos conseils. Est-ce seulement pour l'avenir que l'on est effrayé? Alors on connaît mal l'Italie. Faute d'avoir apprécié à leur juste valeur l'étendue du territoire, le caractère des habitants, leurs ressources et leur progrès possible, on ne voit pas que l'Italie manque des éléments de force qui pourraient la rendre notre supérieure ou même notre égale, et que les vrais successeurs de la grandeur romaine sont à Paris, à Londres, peut-être à Berlin, mais non dans les flancs épuisés de la vieille terre latine.

§ 2. Tandis que la Presse et les salons français suivaient ainsi de l'œil la révolution italienne, ils continuaient de vivre dans leur séculaire ignorance au sujet de l'Allemagne, et surpris tout à coup par des événements aussi prévus de l'autre côté du Rhin qu'ils l'étaient peu en France, ils apprenaient la marche précipitée des Prussiens en Bohême, et cette bataille de Sadowa qu'on peut appeler la seconde grande victoire des nationalités.

Ce fut aussi la haine contre l'étranger qui donna aux Allemands le premier sentiment d'une patrie commune : chez ces esprits lents mais profonds elle le fit pénétrer plus fortement que dans les imaginations italiennes, et elle le propagea même dans le bas peuple ; car partout où la foule a de l'intelligence et de l'énergie, elle est patriotique. La révolte nationale de 1813 eut une fureur que ni Charles-Albert ni Victor-Emmanuel ne trouvèrent dans leurs soldats ; on s'acharna contre les Français ; mais après notre désastre, l'Allemagne ne fut pas constituée, et la pensée de cette grande patrie, désormais ineffaçable, devint l'une de ces rêveries pieuses, de ces contemplations passionnées, qui prennent pour une tête allemande plus de vie que la réalité. Chacun s'attacha à cet Empire idéal ; on en fit l'histoire depuis Charlemagne ; on s'en représenta l'avenir ; et, pendant que l'Union commerciale commençait à donner plus de corps à ce beau poëme, les nombreux affiliés du Nationalverein voulaient qu'il fût mis en action par le gouvernement régulier de la Prusse, puisqu'en 1848 il n'avait pu l'être par les révolutionnaires de Francfort. La guerre d'Italie fut comme le vent qui soulève les cendres et fait jaillir le feu. Ce fut beaucoup moins l'exemple de Cavour et la déclaration du Principe des Nationalités qui exalta les Allemands, que la crainte absurde mais irrésistible de voir un autre Napoléon promener ses armes ambitieuses dans les vallées de l'Elbe ou du Danube. Solférino rappelait trop nos triomphes passés, pour ne pas sembler une menace envers l'indépendance germanique. Le ressentiment contre l'étranger se ranima, et ne pouvant se prendre à la France qui venait de s'arrêter devant le Mincio, il se jeta sur de moindres objets, et se tourna en tracasseries contre le peuple danois. Le moment était venu pour la Prusse d'essayer le rôle du Piémont. L'habile et heureux M. de Bismark sut nous faire oublier que l'excitation nationale de l'Allemagne était une jalousie contre la France ; il flatta nos principes, et, en faisant miroiter la délivrance de Venise et la fin de l'ancien régime à Francfort et à Vienne, il obtint notre neutralité, et l'alliance de nos amis. Libre, alors, de ses mouvements, il se hâta de renverser par la guerre le système suranné de la Diète. et aussitôt après la bataille, dès que la première colère du combat se fût refroidie, il eut l'adresse de réunir tous les Allemands par la terreur d'une invasion française, de s'attribuer le commandement de leurs forces, de joindre la direction de leurs armées à celle de leur commerce qui lui appartenait déjà, et de poser ainsi les véritables fondements d'un futur Empire d'Allemagne.

Si la guerre avait éclaté à propos du Luxembourg, il est certain que le sentiment populaire aurait obligé les souverains de Bavière, de Wurtemberg et de Bade à s'attacher aux Prussiens, et il est probable que les différentes parties de l'Allemagne seraient restées soudées ensemble. Avec sa hardiesse clairvoyante, M. de Moltke demandait à la Prusse d'attaquer les Français et de surprendre en Lorraine notre armée dispersée : mais la politique de paix ayant prévalu, les Allemands du midi ont commencé à juger plus froidement leur situation. Moins inquiets au sujet de la France, ils ont pris le temps de réfléchir et de disserter sur eux-mêmes. Ils se rappellent la rudesse de la domination prussienne ; ils ont sous les yeux l'exemple des Saxons, des Hanovriens, des habitants de Francfort qui regrettent leurs gouvernements déchus, et ils savent que de tous les peuples réunis à la Prusse, les Hessois sont les seuls satisfaits. L'arrogance, qui a toujours déparé le caractère prussien, leur semble augmentée par la victoire. La loi militaire n'est pas de leur goût, non plus que le despotisme qui se couvre à Berlin des apparences de la monarchie constitutionnelle. Ce retour de l'opinion publique dans l'Allemagne du midi dure depuis plus d'une année ; et nous le voyons se manifester dans la plupart des élections. Mais en conclure que l'Allemagne est destinée à vivre désunie, et qu'une confédération du sud est possible en regard de la confédération du nord, serait se tromper sur les probabilités. Pour que le partage en plusieurs États fût maintenu, il faudrait un concours de circonstances, que Dieu tient peut-être en réserve, mais que la diplomatie ne devrait guère prévoir. Le rêve de la grande Allemagne a conservé toutes ses séductions : si l'on hésite à le réaliser dès aujourd'hui, c'est qu'il faudrait s'abandonner aux Prussiens, et qu'on a peur de trouver en eux, pendant les premiers temps, des maîtres au lieu de concitoyens. L'unité est ardemment désirée, c'est *l'annexion* qui choque. On souhaite un État de 60 millions d'habitants, c'est M. de Bismark qui répugne. On voudrait être allemand, mais non prussien. Aussi, une sorte d'incertitude s'est-elle répandue chez les lents habitants de la Bavière et du Wurtemberg. Ils favorisent la Prusse, lorsque, composant l'Union douanière, elle représente les intérêts communs de l'Allemagne ; ils lui résistent lorsque, voulant imposer dans toute sa rigueur son système militaire et politique, elle songe trop à son ambition personnelle. Tantôt la Prusse paraît comme la première ébauche d'une patrie où il n'y aurait ni Bavarois, ni Badois ni Westphaliens, mais le grand peuple germanique ; tantôt, au contraire, elle se montre comme une puissance égoïste qui voudrait mettre son empreinte particulière sur des provinces violemment annexées. L'hésitation des esprits a beau être générale de l'autre côté du Mein, elle ne tardera pas à se dissiper d'elle-même. L'envie de former le plus grand État de l'Europe finira par l'emporter. Sans parler d'une guerre contre la France, qui unirait aussitôt tous les Allemands, combien il est probable qu'un prochain établissement des libertés politiques à Berlin apaise les défiances, éteigne les fâcheux souvenirs de 1866, rapproche naturellement le nord et le midi, et qu'alors la Prusse disparaisse dans le sein de la nouvelle Allemagne aussi vite que le Piémont s'est évanoui dans l'Italie.

La conduite du mouvement national ne pouvait être prise que par les Prussiens. L'Autriche n'aurait pu la saisir, ni même la désirer sincèrement, puisqu'elle n'est pas une puissance allemande. Il était inévitable que la Prusse se mît en avant, et qu'elle réussît dans son œuvre. Si elle n'avait pas trouvé dans l'alliance italienne un moyen de diviser les armées de François Joseph, elle avait retardé la lutte de quelques années, elle aurait usé de patience, et l'œil fixé sur les dissenssions intestines qu'elle connaissait en Autriche, elle aurait attendu pour triompher que la discorde vint paralyser les forces de son adversaire.

L'Autriche n'est qu'un ensemble de races désunies, mal gouvernées par le même prince. Ce n'est pas une patrie, mais simplement la monarchie des Habsbourg. Pour se la figurer, il faut se rappeler notre Empire de 1811, quand les Italiens, les Hollandais, les Hanséates faisaient partie de la France, ou si l'on aime à remonter plus loin, il faut se représenter les possessions de Charles Quint ou de Charlemagne. Ces hommes, qu'on appelle Autrichiens du nom de leur dynastie, ont tout l'air de former un royaume véritable. L'unité est à la surface. L'uniforme de l'armée, l'administration, la vue de Vienne présentant les dehors d'une capitale sérieuse suffisent pour faire croire que l'Autriche est un corps robuste et plein, où le même sang circule. Un regard sur la carte de Kiepert fait bientôt tomber ces illusions. Le prétendu peuple autrichien paraît alors séparé en plusieurs groupes, étrangers entre eux. Quand on s'est donné la peine d'effacer la couleur allemande qui défigure les noms vrais des villes, que Ofen s'est métamorphosé en Buda, Lemberg en Lwow, que Agram est devenu Zagabria, et Kœniggrætz s'est changé en Kraslove-Hradec, on s'aperçoit que les Allemands ne dépassent pas le nombre de 7 millions. Ils habitent, pour la plupart, les provinces des Alpes et les montagnes qui dominent la Bohême ; le reste, c'est-à-dire près de 2 millions, est disséminé en petites colonies, répandues surtout sur les rives hongroises du Danube, et n'étendant ni leur travail ni leur influence au delà de la bourgade où chacune vit isolée. Cinq millions de Magyars, gens d'une fierté courageuse et d'une intelligence hautaine, occupent les plaines de la Hongrie, depuis le passage des hordes tartares dont ils sont les descendants. Ajoutez quelques Italiens dans les villes dalmates, et environ 2 millions de Roumains sur les plateaux qui touchent à la Moldavie et à la Valachie, et vous aurez compté les peuples de moindre importance que gouverne François Joseph. La race dont il reste à parler, plus nombreuse à elle seule que toutes les autres réunies, et la plus intéressante par ses destinées et par sa ressemblance avec le caractère français, est celle des 17 millions de Slaves autrichiens. Ils se divisent en cinq familles, d'après des différences dans leur histoire et même dans la langue. Au nord, vous trouvez les Tchèques en Moravie et en Bohême, les Polonais tenant une moitié de la Gallicie et les Ruthènes ou Russes occupant l'autre. Au midi, et séparés des Slaves du nord par toute l'étendue des plaines hongroises, vous rencontrez les Slovènes dans les contrées rocheuses de la Carniole, et surtout les Croates sur les bords de la Save et sur les rivages de l'Adriatique.

Pendant de longues années, la maison d'Autriche se flatta que la politique et le temps fondraient ensemble toutes ces nations diverses et les rendraient allemandes. Il fallait parler allemand pour obtenir un emploi, pour publier un livre, ou pour ouvrir une école. Mais le caractère germanique, fort estimable d'ailleurs, n'a pas le don de propagande ; et si des Allemands peuvent changer leur nationalité, comme nous le voyons en Alsace, jamais un étranger n'a pu devenir allemand. Au lieu d'éteindre le sentiment de race, le prince de Metternich et ses élèves ne réussirent qu'à l'enflammer. L'aversion contre les pratiques d'ancien régime qui opprimaient l'Autriche se compliqua de mécontentements nationaux. Tandis que les Magyars qui rappelaient amèrement leur pragmatique sanction éludée et déchirée, les Slaves réunissant les débris de leur littérature et de leur histoire, mêlant les passions patriotiques à l'érudition, commençaient à se rapprocher entre eux, et à reconnaître une fraternité qui s'étendait aux Polonais, aux habitants de la Turquie d'Europe, et même aux peuples de la Russie. L'idée d'un grand avenir pour les Slaves s'éveillait par degrés, et les patriotes les plus éclairés, se faisant journalistes, encourageaient ces espérances dans une langue que ne comprenaient pas les Allemands. Le mouvement slave suivait une pente rapide à Prague et à Agram, quand les événements de 1848 vinrent tout à coup l'interrompre. Les Magyars qui, au milieu du désordre universel, venaient d'arracher une sorte d'indépendance, prétendirent reprendre les limites de l'antique monarchie de Saint-Étienne, et ranger la Croatie sous leur domination. C'était vouloir jeter dans le moule hongrois, une nationalité que les Croates avaient eu tant de peine à préserver de l'empreinte allemande. C'était faire violence au peuple slave le plus intelligent, et le plus nécessaire aux grandes destinées de sa race. Les Croates se révoltèrent, et, sous les ordres de Jellachich, ils s'allièrent à la maison d'Autriche, pour détruire l'autonomie hongroise. Mais bientôt ils s'aperçurent qu'ils ne s'étaient sauvés d'un péril que pour retomber dans un autre. La Cour de Vienne rentra dans ses anciens errements ; elle couvrit de nouveau le pays d'une administration allemande, reprit les manières négligentes et sceptiques du despotisme, arrêta soigneusement aux frontières toute idée moderne, tourmenta par sa police les tendances nationales, et témoigna aux Slaves sa reconnaissance par les mêmes persécutions qui la vengeaient des Hongrois. Il était devenu fatigant de vivre en Autriche. L'esprit d'indépendance, animé cette fois par les idées françaises, se réveilla chez les Slaves et les Magyars, et se glissa même chez les allemands qui commençaient à rêver de la grande Allemagne. La défaite de Solférino remplit ces peuples d'une joie secrète, et les rendit plus entreprenants. Pour amuser leurs prétentions croissantes, François-Joseph imagina les diplômes de 1860 et de 1861 : mais il ne put rien calmer. Pendant que les Français, dupés par cette comédie libérale, applaudissaient des deux mains, les

sujets de l'Autriche repoussaient ces libertés menson-
gères, et les Hongrois et les Croates refusaient d'envoyer des députés au nouveau Parlement. Le désaccord
entre les peuples et le prince s'envenimait chaque jour
par les fautes de M. de Schmerling. En 1866, l'Empereur, commençant à reconnaître les erreurs de ses
ministres, regardait avec la mélancolie de sa nature
sombre et indécise, ses Allemands s'agiter, les Hongrois réclamer d'un air menaçant leur constitution, les
Slaves réunir des congrès avec les Russes, et les Véni-
tiens devenir l'occasion d'une guerre qui allait ébranler
si rudement la monarchie.

Bien que l'Autriche prétendît faire en Europe la
figure d'une puissance allemande, les patriotes de
l'Allemagne ne s'y sont jamais trompés. Bien loin de
songer à la maison de Habsbourg pour remplir leur
programme, ils regardaient sa présidence de la confédération, comme le principal empêchement à l'unité
germanique. Ils auraient été désolés qu'elle fût victo-
rieuse dans les campagnes de Bohême. On entendait
les plus ardents la traiter comme une sorte de dynastie
étrangère qui n'avait pas le droit de gouverner des
Allemands et qu'il fallait renvoyer chez ses Madgyars et
ses Croates. En lui défendant de se mêler désormais
des affaires de l'Allemagne, les Prussiens n'ont fait
que suivre les sentiments germaniques; se réservant
l'espoir de les suivre encore mieux, en détachant un
jour, de l'Autriche le Tyrol et ses autres provinces
allemandes.

L'armée autrichienne a fait son devoir à Sadowa,
comme elle l'avait fait à Solférino : elle s'est battue
avec la volonté de vaincre, et elle a été cruellement

humiliée d'être mise en déroute. Mais, en dehors de
ces chagrins de l'honneur militaire, et de quelques
moments de colère dans le peuple contre les ravages
des Prussiens, la défaite a semblé en Autriche un bonheur véritable. La Cour de Vienne avait besoin de cette
sévère leçon. Une victoire aurait perpétué l'ancien
régime, et l'oppression des sentiments nationaux ; tandis qu'un désastre prouvait aux plus entêtés combien
étaient dangereuses les maximes de Metternich. L'Empereur a compris enfin que sa monarchie était près de
se dissoudre, qu'il n'y avait à Sadowa qu'un seul vaincu,
et que c'était lui-même. Il a résolu de rompre avec son
passé, et trouvant dans M. de Beust l'un de ces empi-
riques toujours employés quand le mal est grave, il
s'est mis avec ce ministre à accepter les idées libérales,
à flatter les tendances des nations qu'il gouverne, et à
chercher à les concilier entre elles. Depuis un an,
l'Autriche a fait tant de progrès, qu'il est difficile de
la reconnaître. On ne travaille plus à germaniser personne ; on a renoncé à cette police qui s'insinuait partout et qui gênait toutes les intelligences ; on a changé
les principaux fonctionnaires ; et François-Joseph après
avoir contenté les Hongrois, paraît disposé à tourner sa
bienveillance vers les Tchèques. Il faut souhaiter que
cette révolution continue sans accidents, que M. de
Beust sache la diriger et que l'Empereur ait assez de
constance et de sagesse pour y persévérer. C'est avec
cette espérance, qu'il nous sera permis de devan-
cer les temps, et d'indiquer le meilleur parti que
l'Empereur puisse tirer du grand événement de Sadowa.

Les mêmes raisons qui ont obligé les Habsbourg à
quitter l'Italie les forceront, un jour, à renoncer à leurs

contrées allemandes. La Styrie, le Tyrol, la Carinthie, l'Archiduché d'Autriche, les Confins de la Bohême finiront par se joindre à la patrie germanique. A mesure que les années s'écoulent, les habitants de ces pays s'éloignent des Slaves et des Madgyars dont ils ne comprennent ni la langue, ni le caractère, et ils se rapprochent de leurs vrais compatriotes qui sont en Bavière et en Prusse. Quand ils étaient en possession de tous les emplois et de tous les commandements, ils soutenaient la Cour de Vienne par l'ambition de dominer ; mais aujourd'hui, plus ils s'aperçoivent des avances que l'Empereur fait vers les autres races, plus ils deviennent froids et malveillants. Il semble difficile qu'un système de fédération fasse longtemps vivre ensemble les Tyroliens et les Croates. La Cour de Vienne serait avisée, si elle s'habituait à l'avance à la perte de ses Allemands ; si, tout en la retardant le plus possible, elle la prévoyait, et cherchait à en amortir les effets. Ne pourrait-elle point, par exemple, abandonner ces provinces à l'un de ses archiducs, qui attirerait insensiblement dans ses mains l'autorité complète, et qui, devenant par degrés un véritable souverain allemand, oterait plus tard à l'Allemagne l'envie de revendiquer par la guerre la partie autrichienne de son territoire naturel ?

En même temps que la vieille Autriche, avec ses prétentions allemandes et italiennes, et ses institutions d'ancien régime, tombe en ruines sous nos yeux, il faut qu'une nouvelle Autriche s'élève sur le terrain solide de la liberté et des instincts nationaux. Après avoir gouverné pour un petit nombre d'Allemands qui la récompensent par l'abandon, il faut que la maison de Habsbourg s'appuie désormais sur la majorité, et qu'elle devienne ce qu'elle aurait toujours dû être, la reine des Hongrois et des Slaves. Ce n'est point vers Francfort que ses visées doivent se tourner, mais vers Belgrade et Constantinople, et, si les circonstances le lui permettent, vers Varsovie et Posen. C'est elle que la nature appelle à résoudre les affaires slaves de l'Orient, et peut-être celles de Pologne.

Malgré les essais du Sultan pour adapter la civilisation européenne aux idées musulmanes, on peut dire qu'il reste toujours la question d'Orient. Ces réformes, tant vantées des Anglais, qui introduisent chaque année en Turquie quelque nouveau semblant de notre administration et de notre tolérance religieuse, signifient simplement que le Coran commence à avoir ses libres penseurs. Ce n'est pas l'œuvre d'un gouvernement qui rajeunit ; c'est plutôt une décadence de cette vieille vigueur islamique qui seule soutenait l'autorité des Turcs. En cessant d'être fanatique, le successeur de Mahomet se compromet auprès de ses sectaires, sans se concilier ses sujets chrétiens. Il ne parvient pas à réparer la faute qu'ont commise ses prédécesseurs, en ne faisant jamais en Europe un établissement complet. Dans leur hâte de pousser plus loin leurs conquêtes, les Sélim et les Soliman ont campé sur la rive droite du Danube, comme des pèlerins sous leurs tentes. Au lieu d'exterminer les chrétiens, ils les ont soufferts, sans même se donner le temps de confisquer leurs terres. Ils n'ont occupé que la surface du pays par leurs soldats et leurs employés. La plaine de la Dobrudja est la seule contrée où les Turcs tiennent au sol, parce qu'ils s'y sont mêlés avec quelques Bulgares qu'ils ont convertis. Cette inconsistance de la domination musulmane ne peut être réparée, parce que le chrétien conserve contre les Turcs une haine sans pardon. Il met à profit leurs réformes pour vivre plus à l'aise et pour s'instruire dans la politique et les armes qui lui serviront à secouer le joug. C'est ce qu'ont déjà fait les Slaves de la Servie, c'est ce que préparent ceux de la Bosnie et de la Bulgarie occidentale. On verra successivement les diverses provinces refouler les Turcs jusqu'à la rive même du Bosphore. Mais une fois délivrées, elles ne pourront se gouverner elles-mêmes. Elles n'auront ni la force, ni peut-être le goût de former des principautés indépendantes. Elles seront attirées vers leurs voisins, qui n'épargneront rien pour se les attacher. Les habitants de l'Archipel et de l'ancienne Thessalie suivront une pente bien naturelle s'ils se réunissent à ces Grecs avec lesquels ils conspirent, et dont ils se rapprochent par la langue et le sang. Constantinople, selon toute vraisemblance, deviendra ville neutre. Tout le reste de l'empire, qui, sauf l'Albanie, est peuplé par des Slaves, sera le vaste champ ouvert à l'ambition de l'Autriche.

Il ne faut pas que les Habsbourg tardent davantage à tendre les filets autour d'un héritage si riche. La fausse politique qui les a jusqu'ici détournés de leurs intérêts véritables a laissé la Russie remplir l'Orient de ses intrigues et s'insinuer même sur le territoire autrichien. Le Panslavisme a été inventé. Les Czars, sachant que dans notre siècle il est utile de se colorer d'un principe, se sont faits doctrinaires, et ont prêché une vague idée de race qui obligerait tous les Slaves, sans en excepter les Polonais, à regarder les Russes comme leurs frères. Ils ont trouvé accès auprès de toutes les oreilles. Mais s'ils ont été écoutés, ils n'ont guère été crus ; et

le nombre de leurs dupes a chaque jour diminué. Grâce
à Dieu, le panslavisme est une théorie russe, et n'est
pas une réalité On s'en affuble, en Bohême et en Croatie, comme d'un épouvantail pour rappeler à la Cour de
Vienne qu'elle a des sujets slaves et qu'elle leur doit
plus d'attention et plus de liberté. On a l'air de se
détacher des Habsbourg, pour les forcer à changer de
conduite. On avait besoin d'être soutenu contre leur
mauvais vouloir pendant ces années d'éducation où
l'on recomposait la nationalité slave et où l'on s'appro-
priait les idées modernes. Moins heureux que les Polonais, on n'avait pas l'appui de la France, que l'on aurait beaucoup désiré : on s'est donc contenté de la pro-
tection moscovite. On a accueilli les émissaires du Czar;
on lui a député une sorte d'ambassade. On s'est servi
sans aucune reconnaissance, de l'aide que les Russes
offraient avec arrière-pensée ; et l'on se garderait de
vouloir devenir les sujets d'un empire qu'un reste de
mœurs mongoles entretient encore dans une demi-bar-
barie. Voilà ce qu'est le panslavisme en Autriche, et
il ne paraît pas qu'il soit beaucoup plus sérieux dans
la Turquie d'Europe, bien qu'il y soit plus ancien et
qu'il y fasse plus de bruit. Là, les Slaves chrétiens,
moins confiants dans leurs propres forces, et inquiets
de voir la France et l'Angleterre prendre toujours le
parti des Turcs, ont cru peut-être avec plus de sincé-
rité que leur salut dépendait de Saint-Pétersbourg. Mais
l'exemple des Grecs prouve qu'on peut être partisan des
Russes, sans vouloir se donner à eux. Les Bulgares et
les Bosniens comprendront que la France leur a rendu
service en paraissant les abandonner, que les ju-
geant incapables d'être émancipés tout d'abord, elle

devait leur ménager le temps de sortir de leur minorité morale, et qu'elle a trouvé moins dangereux de leur conserver la tutelle facile à secouer du Sultan, que de les livrer au Czar qui les tiendrait pour toujours en puissance. Dès que la France sentira qu'il n'est plus de saison de favoriser les Mahométans, et qu'elle deviendra le champion des chrétiens, en quelques années elle obtiendra auprès d'eux plus d'influence que les Russes n'en ont amassé par un siècle de menées persévérantes. Un pareil rôle semble réservé à l'Autriche si elle sait le prendre ; et même pour elle l'influence pourrait bien se changer en domination, puisqu'elle a dans la fraternité qui unit les Croates aux Serbes et aux Bosniens, le moyen le plus efficace de se gagner ces peuples, de les incorporer dans son empire, et, avec un peu de bonheur, d'y attirer jusqu'aux Bulgares.

La jalousie avec laquelle les Russes observent les premiers pas de la diplomatie autrichienne vers les Balkans fait prévoir qu'ils ne lui cèderont pas le terrain sans le couvrir de morts et de ruines. Ils lutteront jusqu'au bout pour prévenir les Habsbourg sur les rivages de cette mer Noire qu'ils regardent comme leur domaine. De longues guerres sont à craindre, et elles seraient bien redoutables pour l'Autriche si la vieille idée d'équilibre n'alliait pas encore les nations de l'Occident contre les agrandissements des Czars en Europe. Même avec une coalition, parviendrait-on à réprimer l'ambition moscovite ? Ne sera-t-il pas nécessaire au moins de lui sacrifier les pays roumains; de lui abandonner la rive gauche du Danube qui est la moitié de ses désirs, et de se condamner au silence sur les destinées de la Pologne? Quelque probables que

soient ces tristes éventualités, osons faire des con-
jectures moins sombres ; car, en politique, quoi qu'on
dise, il vaut mieux croire au bien que d'en désespérer.
Si la diplomatie en a le pouvoir, elle doit faire respecter
l'indépendance des Roumains, soit que ce peuple chan-
geant et léger veuille réunir la Moldavie et la Valachie
entre les mains d'un seul hospodar, soit que par un
autre caprice il se sépare en deux principautés, ou se
joigne à la nouvelle Autriche. Les Polonais surtout mé-
ritent que de grands efforts soient faits en leur faveur.
Ils peuvent être soulagés d'une infinité de misères ; mais
le temps de leur reconstitution est passé sans retour.
Rétablir la Pologne dans les limites de 1774, en faire
même un état indépendant, est aujourd'hui une chimère
dont le prince Czartoriski et les patriotes les plus
prudents commencent à se guérir. Les Polonais véritables ne sont que 6 millions, et encore, si l'on voulait
calculer d'une manière sévère, il faudrait retrancher
2 millions de Juifs, vrais Hébreux du moyen âge, qui
n'ont d'autre patrie que leur religion et leur commerce;
il faudrait compter à part les paysans qui, par ressentiment contre les droits féodaux, aiment mieux
obéir à des étrangers qu'à leurs seigneurs. La noblesse,
qui a seule le sentiment de la nationalité polonaise,
et qui s'est fait décimer dans tant de révoltes téméraires,
n'est pas assez nombreuse pour fonder un royaume en
face des Russes qui la détestent avec une superstitieuse
férocité. La sagesse politique qui lui manquait autrefois
a pu s'acquérir en partie au milieu des longues ré-
flexions de la souffrance: mais quand on est entouré
d'ennemis irréconciliables, il ne suffit pas d'être sage;
il faut avoir la force des gros bataillons. La meilleure

fortune que les Polonais puissent maintenant espérer serait d'échapper à la Russie et d'être réunis aux Slaves de l'Autriche nouvelle. Ce serait changer un joug de fer, contre une situation fort tolérable, qui pourrait finir par les consoler de la perte de leur patrie. Déjà les habitants de Cracovie ont cessé de se plaindre, et ils avouent que leur sort présent est bien près de les satisfaire. Depuis Sadowa, ils ont beaucoup obtenu : un gouverneur polonais, l'enseignement de leur langue dans les écoles, le retrait de cette police qui avait rendu la Cour de Vienne odieuse dans tout l'Empire. Ils savent les bonnes dispositions de François-Joseph à leur égard, et ils se persuadent que l'entrevue de Salzbourg les aura fortifiées. Il faudrait que la vue de la Gallicie engageât la Pologne russe à oublier les anciens torts des Autrichiens, à se rapprocher d'eux, à leur montrer un peu des sentiments qu'elle a pour la France, et, en les intéressant définitivement à sa cause, à se préparer avec leur aide une dernière chance de libération.

Pour que l'Autriche puisse créer en elle-même la force de s'étendre vers l'Orient et la Pologne, pour qu'elle mette dans son propre sein un peu de cette unité qui est la vigueur des nations, elle doit s'habituer à tenir la balance égale entre ses Slaves et ses Hongrois. Elle ne doit pas donner exclusivement à la minorité hongroise, ses soins et ses faveurs. Il y aurait autant de péril à vouloir faire prédominer partout les Magyares, qu'à vouloir convertir tout le monde en Allemands. Si l'esprit dominateur des Hongrois était flatté, au lieu d'être contenu, il aurait bientôt renouvelé chez les Slaves des idées de résistance. Il y a, entre ces deux peuples, le sentiment qu'une vie commune leur est né-

cessaire. La géographie, les traditions de l'histoire, et le
désir de former un grand État les rapprochent assez
pour que leur union puisse être durable, mais ils de-
viendraient rivaux, s'ils s'apercevaient que l'un
voulût usurper sur l'autre. Il appartient aux Habsbourg
d'endormir les défiances par une politique conciliante
et impartiale, de réunir sur leur tête la couronne de
saint Étienne et celle de saint Wenceslas sans paraître
croire que celle-ci soit plus glorieuse que celle-là, de
gouverner sans préférences, et par des lois libérales
équitablement appliquées, d'inspirer à tous leurs
sujets la pensée qu'ils ont enfin une patrie. Un pareil
plan de conduite est-il celui de M. de Beust ? Ce ministre
a-t-il des vues pour l'avenir, ou songe-t-il seulement à
faire marcher les affaires au jour le jour et comme elles
se présentent? Il est encore permis d'hésiter. M. de Beust
n'a pas encore eu le temps de découvrir ses projets S'il a
fait couronner son maître à Pesth, s'il a abandonné une
large part de l'autorité entre les mains du ministère
hongrois, lui cédant jusqu'à des pouvoirs militaires, il
n'a pas encore fait assez pour les Slaves. Un mécontentement sourd des Croates et des Tchèques, de nouvelles assemblées panslavistes où l'on a soin de faire
figurer des Russes, prouvent que la nation slave s'impatiente de ne pas avoir sa part dans les réformes.

Si l'Autriche, après avoir heureusement traversé les
péripéties de sa transformation, parvient à se constituer
en royaume hongrois et slave, lors même qu'elle n'y
comprendrait ni Roumains ni Polonais, le plus beau
souhait que pourrait former la politique d'équilibre se
trouvera accompli par celle des nationalités. La nouvelle
Autriche, tout imbue des idées françaises, serait un

contre-poids efficace à la Russie et à l'Allemagne. Elle ne serait pas seulement un bon gouvernement, elle aurait terminé sur le cours inférieur du Danube ces agitations de peuples qui menacent sans cesse la paix de l'Europe.

IV

Tant de changements achevés ou entrepris autour de la France, ont certainement modifié sa situation. Si le système des nationalités dont nous sommes les théoriciens n'a pas trouvé à s'appliquer dans notre patrie il a contribué, en élevant ou en abaissant nos voisins, à faire varier notre propre niveau. Le rang que nous avons en Europe a été différent selon les circonstances. Il était humble au lendemain des désordres de 1848, et il conservait l'accablante empreinte des traités de Vienne. La guerre d'Orient l'a tout d'un coup tiré de cette infériorité. Notre réputation militaire, refaite en Crimée où nous avions vaincu les Russes et surpassé les Anglais, s'est rehaussée pendant la campagne d'Italie, d'un mérite que le monde ne nous connaissait point, celui d'être modérés au milieu du succès. C'est après la paix de Zurich, dans l'année 1860, que la France a eu la plus imposante figure au dehors. A ce moment, aucun peuple ne songeait à nous égaler. Les étrangers acceptaient sans trop d'envie une grandeur que nous évitions de leur rendre pesante. Ils ne s'épuisaient pas encore contre nous en armements et en inventions de guerre ; ils se prêtaient à des traités de Commerce, et venaient demander notre argent pour imiter nos travaux d'utilité publique. On admirait que

l'Empire pût en France ne pas abuser de la fortune; et
l'on s'était fait de l'habileté de notre gouvernement
une telle image, que partout les hommes d'État pre-
naient modèle sur notre conduite. Depuis, cette puissance ne s'est pas augmentée; et, bien que nous ayions
toujours lieu d'en être fiers, nous devons reconnaître
que certaines traverses en Italie, et surtout que les affaires du Mexique et d'Allemagne ont un peu diminué
l'opinion que l'Europe avait du nom français. Ce déclin,
ou plutôt cette vicissitude inévitable dans la vie d'une
grande nation, n'a pas pour cause l'entrée de maximes
nouvelle dans notre diplomatie. Malgré des préférences
évidentes pour les nationalités, notre gouvernement a
laissé une large place à l'équilibre; et il se trouve que
chacune de ces deux politiques a eu son triomphe et son
revers, puisque la première a produit la victoire de
Solférino et la nuisible journée de Sadowa, tandis que
la seconde a inspiré l'expédition glorieuse de Sébastopol,
et celle si décriée de Mexico. Les raisons qui nous
obligent maintenant à traverser une période moins
éclatante ne dépendent point des principes, mais des
faits. C'est d'abord le hasard qui fait tourner les événements au rebours des probabilités et qui déconcerte
le lendemain, ceux qu'il a favorisés la veille. C'est
ensuite l'état de nos affaires intérieures. On ne re-
trouve plus chez nous cette confiance et ce calme qui
ajoutaient tant de force au langage de la France, quand
elle parlait au dehors. Nous sommes au milieu d'une
crise, où des lois mêlées de dictature cèdent la place à
des institutions libérales; et tandis que les vieux partis
se remuent, que les amis de l'Empire s'étonnent de la
lutte comme des soldats qui voient le premier feu, que

l'inquiétude de l'avenir gagne de proche en proche, il est tout simple que ce malaise soit connu de l'Europe, et qu'il affaiblisse auprès d'elle notre prépondérance.

Quelle doit être désormais notre politique ? renoncer aux idées de nationalité ? ou les admettre sans réserve et d'une manière exclusive ? ou les tempérer, comme nous avons fait jusqu'à présent, par les règles d'équilibre ? Les avis sont très-divers là-dessus, et sans les reproduire devant le lecteur qui les connaît, voici celui qui semble le meilleur à proposer :

Il convient de continuer notre aide au royaume d'Italie qui n'a pas cessé d'en avoir besoin, de contenir le parti de l'action quand il s'attaque à l'existence même de l'Église, et, sans perdre patience, de préparer un accord entre les Italiens et le Saint-Siége, qui laisse le Pape à Rome en le délivrant du pouvoir temporel.

Notre diplomatie ne doit pas montrer moins de bienveillance aux instincts nationaux qui se sont éveillés en Autriche. Qu'elle conseille aux Habsbourgs d'admettre ces sentiments qui peuvent régénérer leur royaume s'ils les contentent, et qui le perdront s'ils les irritent. Qu'elle éclaire la cour de Vienne sur le caractère des pays qu'elle gouverne ; qu'elle la détourne de prêter trop d'importance aux Hongrois au détriment de la Bohême et de la Croatie, et qu'elle lui persuade que les Slaves forment le fond le plus vivace de son peuple. Il importerait que la France, cessant par degrés de soutenir les Turcs, disputât aux Russes le rôle qu'ils jouent auprès des chrétiens d'Orient, qu'elle répandît parmi ces populations ses idées toujours assurées d'obtenir une profonde influence, et qu'elle élargît ainsi la voie à la politique autrichienne. S'il nous était possible de

tendre la main aux Polonais de la Russie et de concourir à les amener sous l'autorité transformée des
Habsbourgs, il ne faudrait pas en négliger l'occasion ;
mais nous devons nous rappeler que pour ménager un
refuge aux derniers débris de la Pologne, il ne faudrait pas compromettre l'affaire vraiment désirable;
qui est le progrès de l'Autriche vers les rivages de la
mer Noire.

Si difficile que soit notre conduite à l'égard de l'Autriche et de l'Italie, il est évident que les principaux
embarras nous viennent de l'Allemagne. La bataille de
Sadowa qui a servi la cause des vaincus presque autant
que celle des vainqueurs, n'a été préjudiciable qu'aux
intérêts des tiers. Malgré la cession de la Vénétie, elle
a fait perdre à la France plus d'un « centimètre de sa
taille », plus d'un « atôme de sa grandeur ». — Ce
n'est point parce que les soldats prussiens auraient paru
plus braves ou mieux commandés que les Français, en
mettant en déroute un ennemi à qui sept ans auparavant nous n'avons infligé qu'une défaite ordinaire. Ce
n'est point parce que l'arrogance des journaux berlinois
nous semblerait mériter une vengeance, ou parce que la
revanche de Waterloo serait encore à prendre. Bien
que ces sentiments et d'autres semblables, soient très-
répandus dans notre armée et dans le bas peuple, ils
ne doivent point pénétrer jusque dans la sphère de
notre gouvernement. Il serait indigne de la France de
paraître jalouse, ou d'imiter ces fous qui vont cherchant
querelle à tous ceux dont le visage leur déplaît. Nous
devrions vivre en bonne intelligence avec la Prusse si
nous n'avions contre elle que ces griefs du chauvinisme
populaire, et si nous savions qu'elle dût respecter la

limite du Mein. Mais, comme il a été dit plus haut, la Prusse n'en est encore qu'à sa première étape, elle repose et renforce son armée, elle attire lentement le midi de l'Allemagne, heureux si elle n'entreprend point sur le Danemark et la Hollande pour donner des ports aux flottes qu'elle médite. Ce n'est déjà plus la Prusse qu'il faut nous représenter à nos côtés, mais la grande nation germanique, jeune, ambitieuse, ayant cette vive allure d'un peuple qui commence une carrière nouvelle, qui prétend avoir en tout la priorité. L'Allemagne nous fait tort, parce que son existence même nous ôtera la suprématie que nous possédions depuis des siècles. Elle nous en dépouillera ; car, déjà notre égale par les idées, le commerce et les arts de la paix, elle nous dépassera de beaucoup par l'étendue de son sol, par le nombre de sa population, et la force de ses armées, c'est-à-dire par les éléments les plus considérables de la puissance des États. Ses ressources matérielles, presque doubles des nôtres, et plus capables d'accroissement, lui assureront un poids supérieur dans la balance : c'est elle dont la voix sera le plus écoutée parce qu'elle sera le plus redoutée. En dépit des philanthropes qui sourient à ces idées de suprématie et de rang entre les nations, et qui ne voient là-dessous qu'une frivolité d'amour-propre, croyons que la France doit travailler à maintenir une situation au moins égale à celle de l'Allemagne. L'humanité n'a pas fait assez de progrès pour croire que l'influence au dehors soit inutile à la vie d'un État ; la guerre n'est point supprimée, la raison du plus fort continue à prévaloir ; et une déchéance dans la hiérarchie des nations paraît un signe de la décadence d'un peuple. Il nous faut conformer notre politique à cet ensemble d'idées qui sont celles de notre siècle. Nos descendants, placés dans les circonstances où nous nous trouvons, demeureraient peut-être sans rien faire; nos pères, à l'inverse, auraient combattu sans repos pour écraser les Allemands; nous, qui agissons d'après la logique du temps présent, nous devons souffrir la naissance de l'Empire germanique, mais la rendre inoffensive en agrandissant notre territoire. De nouvelles provinces sont nécessaires à la France pour lui conserver sa dimension proportionnelle. En reculant nos frontières, nous obéirions, sans aucun doute, à une pensée d'équilibre, et pourtant, si l'on pénètre le caractère des peuples qu'il s'agirait de nous réunir, on verra que nous aurions peu à nous écarter du système des nationalités ; que nous ne ferions guère qu'en user à notre profit.

Assurément, ce n'est point nous éloigner de ce système, que d'espérer, dans un avenir peut-être assez prochain, notre union avec les pays si riches et si peuplés de la Belgique. Il n'y a point d'autre patrie pour les Belges que la France. Ils parlent et pensent comme nous ; ils s'enorgueillissent des mêmes souvenirs historiques ; ils ont nos mœurs et nos lois ; ils sont nous-mêmes. Leur attachement au régime parlementaire est tout ce qui fait d'eux un État. La classe moyenne qui gouverne, se persuade vainement qu'il existe une nationalité belge, parceque, toute pleine de son importance, et soucieuse à l'excès de son autorité, elle aime mieux être la première dans un petit pays, que risquer d'être la seconde dans un plus grand. Elle s'amuse des menues affaires d'une principauté neutre ; elle se complaît dans ses titres et ses emplois. Chacun de ces bourgeois est près des ressorts de la machine, et se flatte de concourir à sa marche. Mais que peut la résistance des gens en place et de quelques avocats, contre la force des choses qui entraîne la Belgique vers la France ? Déjà le consentement du bas peuple et de l'armée paraît nous être acquis. Nous n'avons plus contre nous l'influence personnelle du roi Léopold Ier, qui jouait à notre égard le rôle d'un prince anglais. La bourgeoisie elle-même finira par perdre le plus sérieux prétexte de s'isoler de la France. Dès que les institutions libérales nous auront été rendues, la muraille politique qui seule nous sépare de Bruxelles se trouvera aplanie et les deux peuples ne pourront s'empêcher de se rejoindre Le suffrage universel, et l'avantage d'appartenir à une vaste et glorieuse patrie, sont deux attraits qui agiront sur les Belges, et qui les feront se souvenir que dès 1830 ils demandaient à devenir nos concitoyens. Mais tout rapprochement serait compromis, si nous voulions le hâter par quelque occupation militaire. Il ne faut employer ni la violence, ni les menées secrètes. Il suffit d'avoir de bons offices, d'augmenter les liens d'amitié, de supprimer les douanes, et surtout de nous rendre séduisants en nous faisant libres. Le fruit mûr se détachera de la branche, sans qu'il soit besoin d'y mettre la main ; et si nous avons la sagesse de déclarer neutre le port d'Anvers, nous ferons accepter même à l'Angleterre la fin paisible du royaume de Belgique.

Un pareil agrandissement ne suffit pas encore à mettre en sureté les destinées de la France ; il nous laisse trop loin des frontières qu'avait élevées la Révolution, et que Napoléon Ier n'a voulu diminuer par au-

cun traité, préférant la chance même de périr, à la
certitude de blesser les intérêts permanents de la patrie.
Il faut que le Rhin soit à notre portée. Ces forteresses,
édifiées par Vauban, doivent revenir entre nos mains;
et, comme autrefois, les vieilles races franques qui les
entourent, doivent grossir notre armée et enrichir notre finance. A ceux qui objectent qu'elles ne veulent
plus se séparer de l'Allemagne, il faut répondre par
une distinction. Les peuples de la rive gauche du Rhin
se divisent en deux groupes, dont les sentiments ne
paraissent point être les mêmes. Dans les vallée de la
Mozelle et de la Meuse, la nationalité est incertaine ; les
habitants n'y sont les sujets de la Prusse et de la Bavière que par la fantaisie des traités de 1815 ; ils se
disent attachés à leurs maîtres avec le langage empha-
tique qu'ont les gens mal convaincus de l'opinion qu'ils
soutiennent ; ils seraient aisément ramenés à la France
dont ils ont conservé les lois civiles et l'esprit d'égalité.
Cette contrée n'est vraiment que la Lorraine prolongée.
Au contraire, Aix-la-Chapelle et surtout Cologne sont
des villes sincèrement allemandes : bien que catholiques, elles sont dévouées à la monarchie prussienne,
et sont comptées parmi ses plus solides appuis. Elles
ne pourraient nous appartenir que conquises par les armes, et au mépris des principes que nous avons procla-
més dans le monde. Leur résistance contre notre domination risquerait de devenir pour nous une longue
cause de faiblesse, et serait, à coup sûr, un argument
contre notre probité politique. Mais s'il était possible que
le Palatinat et que le midi de la province Rhénane fussent
rendus à la France, la part serait assez belle pour nous
consoler de voir le nord demeurer pays allemand. Si le

Rhin nous couvrait depuis Bâle jusqu'à Coblentz, nous pourrions être tranquilles sur notre avenir, sans crainte de sembler impuissants et vieillis auprès du jeune empire germanique. Il ne s'agit point, pour atteindre des limites naturelles, d'arriver jusqu'à la crête d'une chaîne de montagnes, ou jusqu'au milieu du courant d'un fleuve. Vouloir tracer, avec la rigueur de la géométrie, la figure d'une nation, serait un jeu d'enfants qui conduirait bientôt à se demander si le Rhin véritable est le Leck ou le Wahal, ou telle autre branche qui se perd dans les boues de la Hollande. Parce que Genève nous manque, nous n'en avons pas moins complété la France du côté des Alpes, et parce que les sources de la Garonne s'ouvrent en Espagne, nous n'en sommes pas moins bornés par les Pyrénées.

Quand on se rappelle qu'hier à peine, les pays de Luxembourg, de Trèves et de Mayence étaient d'une acquisition facile pour la France, on sent combien peut être amer un regret patriotique. Les forces vives de la Prusse étaient alors accumulées en Bohême; la campagne était libre devant nous, et les villes n'avaient pour garnison que le rebut des troupes. Les Allemands, tout entiers à leur querelle, semblaient avoir pris leur parti d'abandonner un peu de cette terre dont ils sont si avares. Il se répétait partout qu'une convention avait été signée à Biarritz par M. de Bismark; ou, si elle n'existait point, une simple promenade des soldats français devait en tenir lieu. Le fameux discours d'Auxerre, et la lettre impériale du 12 juin avaient fait pressentir que la France prendrait sa part dans les profits de la guerre. Quelle étrange fatalité a donc empêché notre gouvernement de saisir l'occasion unique

qu'il avait sous la main ? Comment la circulaire Lava-
lette a-t-elle pu être écrite ? En attendant que l'histoire
nous l'apprenne, nous avons à subir les effets de ces
tristes événements. La France se trouve placée entre
la paix et la guerre ; cette crise est assez évidente pour
qu'aucune parole des souverains ne puisse rassurer les
esprits. Si la guerre est réellement dans les projets de
l'Empereur, si cette résolution, la meilleure qu'on
puisse prendre, est arrêtée d'une manière définitive, il
ne faudrait point de trop longs retards. Le temps qui
s'écoule servirait l'ennemi. Aujourd'hui, les ressources
militaires sont prêtes ; une arme nouvelle nous assure
de la confiance des soldats, une flotte de fer nous permet de diviser les armées de la Prusse, le commerce
déjà languissant verrait peu augmenter ses souffrances,
et surtout, les embarras d'une fin de règne ne détour-
nent pas encore des questions nationales l'attention et
l'ardeur des Français. S'il doit se livrer des batailles,
le moment est venu d'en courir les hasards.

Ainsi, le soutien de l'Italie, des conseils délicats à
faire longtemps parvenir aux oreilles de l'Autriche,
une guerre peut-être à commencer contre l'Allemagne,
telles sont les charges qui s'imposent à la politique
française. Nous subissons les unes comme des consé-
quences des traités de 1815 ; nous avons volontaire-
ment accepté les autres, en nous donnant la mission de
répandre le principe des nationalités. Certes, le fardeau
est lourd à soulever, et ce n'est point sans soucis que
nous en mesurons l'étendue. Mais si l'on monte son
esprit à des considérations plus hautes, si l'on songe
aux nécessités de la vie dans les sociétés, l'on se pren-
dra à moins regretter les larges occupations qui nous

restent sur les bras. Il faut aux peuples, aussi bien qu'aux individus, une matière pour leur activité : le jour où ils cessent d'avoir le goût où les moyens de remplir tous leurs moments, de se passionner, de parcourir les péripéties de joie et de souffrance qu'amènent les affaires publiques, ils tombent dans l'indolence ; et se reposer c'est dégénérer. Le commerce, et surtout la pratique des libertés intérieures est l'emploi le plus parfait de cette activité qu'il est nécessaire de surrexciter sans cesse, et qui est comme le mouvement du sang dans le corps d'un État. Les Anglais sont assez heureux pour trouver en eux-mêmes cette agitation salutaire : des réformes longuement étudiées, et présentées l'une après l'autre dans l'ordre où les appelle le progrès social, suffisent à tenir les esprits perpétuellement en éveil. Depuis les dix années que l'Angleterre a paru s'abstenir des questions étrangères, elle a donné le spectacle nouveau d'un peuple, qui par le jeu d'institutions libres entretient sa vigueur et semble défier la décadence. Elle ressemble à ce sage qui, portant avec soi les éléments de son bonheur, traverse les évèments sans en jamais dépendre. Espérons pour la France une pareille fortune ; mais, tant que nos mœurs publiques seront vicieuses, tant que les partis s'acharneront à détruire au lieu de s'entendre pour réformer, tant que nous passerons de la licence à la dictature à travers des révolutions sans enseignements, sachons ne point nous plaindre si nous avons au dehors des travaux qui excitent nos meilleures qualités, si, tout en secourant la patrie des autres, nous avons la nôtre à compléter.

Juillet 1868.

321 — Abbeville. — Imprimerie de P. Briez.

www.ingramcontent.com/pod-product-compliance
Lightning Source LLC
Chambersburg PA
CBHW061315060726
47596CB00003B/909